Viaggio a Venezia

Illustrato da **Paolo D'Altan**

Redazione: Jana Foscato, Donatella Sartor
Progetto grafico e direzione artistica: Nadia Maestri
Grafica al computer: Simona Corniola
Illustrazioni: Paolo D'Altan
Ricerca iconografica : Laura Lagomarsino

© 2005 Cideb Editrice, Genova

Crediti:
© Archivio Iconografico, S.A. / CORBIS: 12;
© Arte & Immagini srl / CORBIS: 25; © Gustavo
Tomsich / CORBIS: 60; © Sunset Boulevard /
CORBIS SYGMA: 61

Saremo lieti di ricevere i vostri commenti, eventuali
suggerimenti e di fornirvi ulteriori informazioni che
riguardano le nostre pubblicazioni:
redazione@cideb.it
www.cideb.it

CISQ CISQ CERT

CISQ

**TEXTBOOKS AND
TEACHING MATERIALS**

The quality of the publisher's
design, production and sales processes has
been certified to the standard of
UNI EN ISO 9001

ISBN 88-7754-950-5   libro
ISBN 88-7754-951-3   libro + CD

Stampato in Italia da Litoprint, Genova

Indice

 Testo integralmente registrato.

 Questo simbolo indica le attività di ascolto.

CELI 3 Questo simbolo indica gli esercizi in stile CELI 3 (Certificato di conoscenza della Lingua italiana), livello B2.

CAPITOLO **1**

L'arrivo

I treno rallentò e imboccò [1] il lungo ponte che congiunge Venezia alla terraferma.

"Guardate ragazzi, — disse il papà — stiamo per arrivare!"

Lucia e Andrea, dal finestrino, osservavano stupiti.

"Prima di partire ho letto una guida della città — disse Andrea. — Questo ponte, ad esempio, è lungo 3 623 metri. Fu costruito nel 1846 dagli Austriaci, che a quell'epoca dominavano la Serenissima. [2] Prima di allora, si poteva raggiungere Venezia solo via mare".

1. **imboccò** : entrò sul.
2. **Serenissima** : il nome forse più famoso con il quale era conosciuta l'antica Repubblica di Venezia, che fu ceduta da Napoleone all'Austria il 17 ottobre 1797 con il trattato di Campoformio.

"Magari su una gondola..." — suggerì la mamma, che voleva provare l'emozione di farsi trasportare dalla più romantica barca del mondo. "Sapete, anch'io mi sono documentata e ora vi insegnerò una cosa sorprendente che ho letto in un bel libro del nonno, che tratta di imbarcazioni.

Vi ricordate che due anni fa, quando abbiamo fatto il viaggio in Norvegia, siamo andati a visitare il museo delle navi vichinghe ad Oslo? Beh, alcuni studiosi di nautica [1] hanno osservato che esiste una chiara somiglianza tra la forma delle navi vichinghe e la gondola veneziana. La cosa si spiega facilmente: i Vichinghi, navigando sui fiumi per i loro commerci, dalle regioni nordiche raggiungevano il Mar Nero. Qui incontrarono i mercanti della Repubblica di Venezia, che notarono la forma snella [2] di quelle navi che, anche se piuttosto piccole, erano veloci e stabili. I Veneziani le studiarono attentamente, ne fecero dei disegni e li portarono nella loro città. Il governo apprezzò il suggerimento e diede ordine di costruirne di simili.

Nei tempi più antichi, a Venezia queste barche servivano per trasportare le merci ed erano molto più grandi di quelle che noi vedremo nei canali della città. Con il passare degli anni, queste gondole furono usate solo per trasportare passeggeri e le loro misure furono ridotte sino a raggiungere quelle che ancora oggi le caratterizzano: una gondola è lunga quasi undici metri, ha una carena [3] piatta che le consente di scivolare anche sui fondali [4] molto bassi, prora e poppa [5] alte e slanciate. La prora è ornata dal

---

1. **nautica** : scienza della navigazione.
2. **snella** : magra, slanciata; (qui) sottile, stretta.
3. **carena** : fondo dell'imbarcazione che rimane immerso nell'acqua.
4. **fondali** : luoghi dove l'acqua è poco profonda.
5. **prora e poppa** : parte anteriore e posteriore di un'imbarcazione.

"fero", cioè un ferro fatto come un pettine a sei denti, che rappresentano i sei quartieri in cui è divisa la città. Sembra che il nome "gondola" derivi da una storpiatura [1] del verbo "dondolare". [2] Tutte le famiglie nobili di Venezia possedevano una gondola, proprio come oggi noi abbiamo l'automobile, e anche le gondole, come le nostre automobili, erano dipinte a colori vivaci."

"Come mai oggi sono tutte nere?" — chiese Lucia.

"So dirvi anche questo — riprese la mamma. —

In quei tempi lontani i colori vivaci erano molto costosi e il governo della Serenissima Repubblica ne scoraggiò l'uso imponendo forti tasse. Così i Veneziani dipinsero le gondole solo di nero, non per loro scelta, ma per evitare le tasse."

Mentre chiacchieravano tra di loro, il treno raggiunse la stazione e si fermò.

"Ah, eccoci arrivati, finalmente! Aiutate la mamma a portare le due borse piccole, mentre io mi occupo delle valigie" — disse il papà.

Raggiunsero il loro albergo a bordo di una gondola, che li trasportò lungo canali silenziosi, abilmente manovrata dal gondoliere che remava in piedi sulla poppa.

L'uomo iniziò a parlare con orgoglio della sua città: "È unica al mondo… Le sue origini risalgono alla metà del V secolo dopo Cristo, quando un gruppo di abitanti della terraferma, all'arrivo delle popolazioni barbariche [3] che invadevano la penisola italiana, cercò rifugio su alcune piccole isole disabitate della

---

1. **storpiatura** : pronuncia scorretta.
2. **dondolare** : oscillare, ondeggiare.
3. **popolazioni barbariche** : popolazioni nordiche che invasero più volte la penisola italica nei secoli.

laguna. [1] Nessuno avrebbe mai pensato che quella povera gente, con il passare degli anni, avrebbe dato vita a una città ricca e potente. Mentre le altre città si proteggevano con le mura, Venezia era difesa solo dalla laguna: nessuno osava avventurarsi sull'acqua dove, se non si conoscono i fondali, si rischia di rimanere incagliati." [2]

I quattro passeggeri ascoltavano con interesse la spiegazione.

Al momento di scendere, la mamma chiese al gondoliere se era disposto a far loro da guida nei giorni seguenti.

"Non posso — rispose lui — perché ho degli impegni importanti. Domani, per esempio, devo ornare la gondola con fiori bianchi per accompagnare una sposa in chiesa. Però, se volete, manderò qui all'albergo mia sorella Caterina che conosce bene Venezia e le sue isole. Studia Storia dell'Arte all'università [3] e quindi vi farà volentieri da guida. Sapete bene che gli studenti si danno da fare [4] per guadagnare qualche soldo!"

"Lo sappiamo eccome!" — sospirarono Lucia e Andrea.

Rimasero d'accordo che il giorno dopo Caterina sarebbe venuta a prenderli.

La ragazza si presentò di buon mattino e si attirò subito le simpatie dei quattro nuovi amici con il suo sorriso spontaneo: "Mi chiamo Caterina e sono qui per guidarvi a visitare i posti più belli di Venezia."

"Io sono Andrea!" "E io Lucia." — risposero i due fratelli.

---

1. **laguna** : tratto di mare vicino alla costa e chiuso da numerose isole.
2. **incagliati** : fermati con il fondo dell'imbarcazione sulla sabbia.
3. **università** : (qui) Università di Ca' Foscari, una delle più antiche e prestigiose della regione veneta.
4. **si danno da fare** : si impegnano.

"Lucia! Hai lo stesso nome della protagonista di un'antica leggenda della nostra città." — disse Caterina.

Lucia la pregò di raccontarla subito, ma Caterina rispose:

"Non ora: lo farò quando saremo nell'isola di Burano, l'isola dei merletti. Ti avverto, però, che è una storia molto triste.

Penso che sia meglio portarvi prima a visitare le isole — Burano, Murano e Torcello [1] — che furono il nucleo più antico della città, i primi luoghi dove gli abitanti si stabilirono. La Basilica di San Marco la visiteremo in seguito, se siete d'accordo."

Tutti accettarono di buon grado la proposta di Caterina, anche perché per raggiungere le isole bisognava salire su un vaporetto, il mezzo di trasporto pubblico tipico di Venezia, e questo significava fare una nuova esperienza.

La giornata era limpida e calda.

Durante la traversata, [2] Caterina spiegò che la pianta di Venezia ha curiosamente la forma di un pesce e che il governo della Repubblica aveva deviato il corso dei tre fiumi Brenta, Piave e Sile [3] per evitare che con i loro detriti [4] riempissero la laguna e distruggessero quindi la difesa più valida della città.

"Straordinario!" — commentò il papà, che non smetteva un attimo di scattare fotografie.

"Ora preparatevi — disse Caterina — perché stiamo per arrivare all'isola di Burano."

---

1. **Burano, Murano, Torcello** : isole che si trovano nella parte nord della laguna veneta.
2. **traversata** : viaggio per mare.
3. **Brenta, Piave e Sile** : tre dei maggiori fiumi della regione veneta.
4. **detriti** : pezzi di roccia e pietra trasportati dai fiumi.

Scesi a terra osservarono le abitazioni, rimaste quasi immutate nei secoli, piccole e vicine tra loro, dipinte a colori molto vivaci: rosso, giallo, turchino, arancione...

Caterina spiegò che quei colori così violenti servivano come riferimento per il ritorno dei pescatori e che erano particolarmente utili nei giorni velati dalla nebbia, che scende spesso sulla laguna.

"Vedete quella casetta viola, laggiù? — disse Caterina. È la casa di Lucia, o meglio Lusieta, come,... come usiamo dire noi a Venezia. È giunto il momento di raccontarvi questa leggenda che spiega l'origine dei bellissimi pizzi di Burano, ancora oggi eseguiti dalle donne di quest'isola.

Curiosità veneziane

Nei tempi antichi si usava il miele come dolcificante. Fu Venezia, nel secolo XI, a importare dall'Oriente lo zucchero e a introdurlo nei mercati e, di conseguenza, nell'alimentazione occidentale.

Nella cucina veneziana i dolci occupano un posto importante. Da grandi pezzi di zucchero, venivano ricavate delle sculture che costituivano allo stesso tempo un ornamento per la tavola e un dolce raffinato. Anche la produzione di biscotti ha una lunga tradizione: ad esempio, ancora oggi sono venduti nelle pasticcerie veneziane i "zaleti", piccoli biscotti di colore giallo, ricordati già dal grande commediografo[1] del 1700 Carlo Goldoni.

Il leggero pasto (XVIII secolo), Scuola di Pietro Longhi.

1. **commediografo** : scrittore di commedie teatrali.

ZALETI

150 grammi di farina di grano 00
100 grammi di farina gialla di mais
50 grammi di fecola
100 grammi di burro
50 grammi di zucchero
50 grammi di uva passa[1]
50 grammi di pinoli
buccia grattugiata di un limone
un pizzico di vaniglia
mezzo bicchiere di vino bianco
2 uova
1 bustina di lievito in polvere

Ecco la ricetta per chi vuole provarli:

Mescolare e impastare a mano tutti gli ingredienti, aggiungendo per ultimi uva passa e pinoli. Formare dei biscotti non troppo piccoli, di forma ovale, dallo spessore di circa un centimetro. Infornare sulla placca unta, a 200°, per 15 minuti.

1. **passa** : appassita.

Comprensione

CELI 3

1 Rileggi il capitolo e indica con una ✗ l'affermazione corretta.

1. Caterina è una studentessa di:
   a. ☐ Architettura
   b. ☐ Scienze Politiche
   c. ☐ Storia dell'Arte
   d. ☐ Archeologia

2. Lucia e Andrea sono:
   a. ☐ cugini
   b. ☐ fratelli
   c. ☐ amici
   d. ☐ fidanzati

3. I sei denti del "fero" rappresentano il numero di:
   a. ☐ quartieri della città
   b. ☐ rematori
   c. ☐ passeggeri
   d. ☐ isole della città

4. Le origini della città risalgono al:
   a. ☐ XVI sec.
   b. ☐ V sec.
   c. ☐ IV sec.
   d. ☐ VII sec.

5. La pianta della città di Venezia è a forma di:
   a. ☐ pesce
   b. ☐ leone
   c. ☐ stella
   d. ☐ gondola

2 Ascolta attentamente. Alcune parole sono cambiate. Trovale e completa la tabella.

Il treno rallentò e imboccò il lungo ponte che unisce Venezia alla terraferma.
"Guardate ragazzi, — disse il papà — stiamo per arrivare!"
Lucia e Andrea, dal finestrino, osservavano stupefatti.
"Prima di partire ho letto una guida della città — spiegò Andrea. —
"Questo ponte, ad esempio, è lungo 3 723 metri. Fu costruito nel 1846 dagli Austriaci, che a quel tempo dominavano la Serenissima. Prima di allora, si poteva arrivare a Venezia solo via mare."
"Magari su una gondola..." — aggiunse la mamma, che voleva provare l'emozione di farsi trasportare dalla più bella barca del mondo.
"Sapete, anch'io mi sono documentata e ora vi dirò una cosa sorprendente che ho letto in un bel libro del nonno, che tratta di barche.

1. ....
2. ....
3. ....
4. ....
5. ....
6. ....
7. ....
8. ....
9. ....
10. ....

3 Riordina le seguenti frasi seguendo l'ordine cronologico del testo.

a. ☐ Caterina decide che è giunto il momento di raccontare la leggenda che spiega l'origine dei pizzi di Burano.

b. ☐ Il treno raggiunge la stazione e si ferma.

c. ☐ Il gondoliere inizia a parlare con orgoglio della città di Venezia.

d. ☐ Caterina si presenta di buon mattino per guidare Lucia e la sua famiglia a visitare i posti più belli di Venezia.

CELI 3

4 Ascolta il testo e indica con una **✗** la lettera corrispondente all'affermazione corretta.

1. Un tempo la gondola era:
   a. ☐ slanciata, nera, elegante
   b. ☐ leggera, maneggevole, a fondo piatto
   c. ☐ nera e simmetrica
   d. ☐ colorata e asimmetrica

2. Le gondole sono lunghe:
   a. ☐ 18 metri
   b. ☐ 10 metri e 80 centimetri
   c. ☐ 180 centimetri
   d. ☐ 8 metri e 18 centimetri

3. La gondola è utilizzata per il trasporto:
   a. ☐ pubblico
   b. ☐ privato
   c. ☐ merci
   d. ☐ turistico

4. Nella voga alla veneta il gondoliere è:
   a. ☐ seduto e rivolto a poppa
   b. ☐ in piedi all'estremità della prua
   c. ☐ seduto e rivolto a prua
   d. ☐ in piedi all'estremità della poppa

5. La voga alla veneta è:
   a. ☐ faticosa
   b. ☐ particolare
   c. ☐ inefficace
   d. ☐ scomoda

Competenze linguistiche

1 Associa ad ogni parola o espressione il sinonimo appropriato.

1. ☐	di buon grado	a.	guidare
2. ☐	dondolare	b.	credenza
3. ☐	leggenda	c.	spostato
4. ☐	congiungere	d.	uguali
5. ☐	manovrare	e.	istintivo, naturale
6. ☐	osare	f.	abbellire
7. ☐	ornare	g.	unire
8. ☐	spontaneo	h.	punto fermo
9. ☐	deviato	i.	allegro
10. ☐	immutate	l.	avere il coraggio
11. ☐	riferimento	m.	volentieri
12. ☐	vivace	n.	oscillare

Produzione orale

CELI 3

1 Andrea è appena giunto a Venezia, ma ha già scattato numerose fotografie, tra cui questa. Osservala e descrivila.

CAPITOLO **2**

Il merletto di Burano

Da quando esiste Venezia, Burano è sempre stata un'isola di pescatori. Come tante altre donne di quei tempi, Lusieta era una ragazza che si guadagnava da vivere ricamando i corredi[1] per le dame ricche della città.

Vedete quella finestrella lassù, nell'angolo della casa? Da lì lei guardava la laguna al tramonto, quando rientravano i pescatori. Aspettava di vedere la vela arancione del bragozzo[2] di paron Toni,[3]

---

1. **corredi** : biancheria per uso personale e per la casa.
2. **bragozzo** : barca a vela veneziana con il fondo piatto.
3. **'paron' Toni** : (dialetto veneto) padrone Antonio.

sul quale lavorava anche Simone, il suo innamorato. I due giovani si conoscevano fin da bambini; avrebbero voluto sposarsi subito, ma erano poveri e dovevano aspettare di risparmiare un po' di soldi. Simone sognava di comprare una barca tutta per sé; lo aveva promesso a Lusieta: "Quando avrò da parte cinque zecchini[1] d'oro, comprerò un piccolo bragozzo e ti sposerò."

Tutte le sere, quando le barche erano rientrate, Simone aiutava Leonardo, il figlio di Toni, a scaricare a riva le ceste piene di pesce fresco e poi correva da Lusieta. Entrava in questo piccolo cortile, dove siamo noi ora, e la chiamava. Lei metteva da parte ago e filo e correva giù. Qualche volta, nei giorni d'estate lunghi e limpidi, i due giovani andavano in città con una piccola barca a remi. Arrivavano fino a Rialto dove, esattamente come oggi, c'era il mercato degli ortaggi, della frutta e del pesce. Legavano alla riva la loro barchetta, scendevano a terra e giravano tra i banchi dei venditori.

Lusieta, come tutte le ragazze, curiosava volentieri nelle botteghe di Rialto; ma Simone poteva comprarle al massimo un cartoccio[2] di uva passa.

Un giorno arrivarono a Venezia alcuni ambasciatori da Roma. Il Papa aveva bandito[3] una nuova crociata contro i musulmani per liberare i Luoghi Santi e i messi pontifici[4] invitavano i giovani ad arruolarsi tra i crociati.

---

1. **zecchini** : moneta d'oro fino della Serenissima Repubblica, che a partire dalla metà del 1500 fu accettata su tutti i mercati d'Europa, in quanto considerata una moneta assolutamente sicura.
2. **cartoccio** : foglio di carta usato come contenitore.
3. **bandito** : annunciato con un avviso pubblico (il bando).
4. **messi pontifici** : ambasciatori del Papa.

Si raccontava che molti ragazzi avevano fatto fortuna ed erano tornati a casa ricchi.

Simone decise di partire: sperava che al suo ritorno avrebbe potuto comprarsi il bragozzo e sposare Lusieta.

Ma prima di partire voleva comprare un anellino da lasciare come pegno[1] d'amore alla sua ragazza. Andò quindi a pesca con l'intenzione di vendere il pesce al mercato: con il denaro ricavato, avrebbe potuto comprare un anellino d'argento.

Stranamente, quel giorno non riuscì a pescare nemmeno un pesce; nella sua rete era rimasta impigliata solo un'alga.[2] Il giovane la gettò sulla prua della barca e tornò deluso all'isola.

Andò per l'ultima volta a trovare Lusieta e le raccontò del suo inutile tentativo di pesca: non poteva regalarle l'anello.

"Non importa — disse la ragazza — me lo comprerai al tuo ritorno. Regalami per ricordo l'alga che hai pescato."

Il giovane la accontentò e la ragazza depose l'alga su un'assicella, per farla seccare.

Erano trascorsi molti mesi dalla partenza di Simone.

Un giorno giunse la notizia che le galee[3] veneziane stavano per arrivare a San Marco: a bordo[4] c'erano i crociati di ritorno dalla Palestina. Ma Simone non era fra loro e Lusieta fu informata che il suo innamorato era morto in battaglia.

La ragazza si rifugiò nella sua cameretta; tirò fuori dalla sua cesta da lavoro del filo bianco e i lunghi aghi da ricamo, prese l'alga che le aveva regalato il fidanzato e cominciò a lavorare.

---

1. **pegno** : promessa.
2. **alga** : erba marina.
3. **galee** : grandi navi da guerra e da carico.
4. **a bordo** : sulle navi.

Lavorò tutta la notte e il giorno seguente e poi una notte ancora e un altro giorno. Non mangiava, non dormiva.

"Devo lavorare in fretta — diceva — devo fare presto, perché Simone sta per tornare e io devo avere pronto il velo da sposa. Devo fare presto, presto..."

La madre e le amiche la guardavano preoccupate.

Lusieta continuava a ricamare con mani abili e veloci: l'alga serviva da modello e lei ne riproduceva le linee e le curve eleganti, ricavando un pizzo stupendo e prezioso. La trovarono morta alcuni giorni dopo nella sua stanza.

Ripiegato su una panca accanto alla finestra c'era il suo candido velo da sposa.

Le ragazze di Burano non vollero che si perdesse il ricordo di quella vicenda d'amore e impararono anche loro a riprodurre l'alga di Lusieta. Quest'arte, tramandata di madre in figlia, è giunta fino a noi."

Terminato il racconto, Caterina si accorse che Lucia piangeva.

"Dai — le disse la mamma — asciugati gli occhi, è solo una leggenda!"

"Sì mamma, hai ragione, però è strano: mi sembra quasi di essere già stata in questi posti..." — rispose Lucia.

"Sicuro! — sghignazzò Andrea — Si tratta certo di un caso di reincarnazione..." [1]

"Ora basta! — intervenne il papà — Torniamo al pontile; [2] il nostro vaporetto sta per partire."

---

1. **reincarnazione** : secondo alcune religioni, l'anima dopo la morte passa in un altro corpo, umano, animale o vegetale.
2. **pontile** : piccolo ponte di legno/cemento che sporge dalla riva e permette alle barche di approdare.

Si imbarcarono nel tardo pomeriggio, mentre l'acqua della laguna diventava sempre più scura.

Il vaporetto filava verso Venezia e Caterina volle aggiungere qualche spiegazione, anche per distrarre Lucia che sembrava ancora rattristata dalla leggenda: "Quando le ricamatrici di Burano erano le uniche capaci di produrre quei pizzi stupendi, i loro prodotti erano acquistati a prezzi molto elevati dalle dame di tutta Europa, soprattutto da quelle francesi. Per evitare che tanto denaro uscisse dalla Francia, nel 1600, Colbert, l'abile e intelligente ministro di Luigi XIV, inviò i suoi incaricati a Burano, affinché di nascosto convincessero alcune ricamatrici a espatriare [1] in Francia dove avrebbero dovuto insegnare la loro arte in cambio di un compenso altissimo. Il piano ebbe successo: le merlettaie traditrici fecero scuola e questo spiega perché i pizzi francesi del 1700 sono praticamente uguali a quelli veneziani.

In seguito, con il trascorrere del tempo, nacquero nuovi centri di produzione anche in altri paesi, finché non si arrivò all'uso dei telai meccanici nel 1800.

Ma ricordate che ancora oggi i merletti di Burano vengono eseguiti completamente a mano: per questo sono tanto pregiati e, naturalmente, tanto costosi."

Raggiunto il pontile, il vaporetto attraccò e i nostri amici si diressero al loro albergo.

Prima di salutarli, Caterina promise che il giorno dopo li avrebbe condotti a fare un giro a Murano che avrebbero apprezzato molto.

"Dopo cena faremo una passeggiata al chiaro di luna — propose il papà — e poi... tutti a letto!"

---

1. **espatriare** : trasferirsi all'estero.

La moda veneziana

Le ricche dame veneziane erano famose in Europa per la loro bellezza e per la ricchezza dei loro abiti che, secondo la moda francese, venivano gonfiati con una serie di cerchi legati con nastri alla cintura.

Le stoffe utilizzate per questi abiti erano ricche e vistose: sete, velluti, damaschi [1] trapunti d'oro e d'argento, ornati di perle e pietre preziose. Poiché la loro statura media era piuttosto bassa, le donne veneziane portavano scarpe con rialzi sotto la punta e sotto il tacco che potevano raggiungere i trenta centimetri. Queste calzature, oltre

Il **Sarto** (1741), Pietro Longhi.

1. **damaschi** : tessuti di seta lavorati a fiori.

ad aumentare notevolmente la statura, impedivano alle dame di bagnarsi e sporcarsi i piedi di fango, poiché a quei tempi molte zone di Venezia non erano state ancora lastricate. [1] Queste calzature facevano camminare le donne con un'andatura poco disinvolta, goffa e dondolante.

Anche gli indumenti intimi erano lussuosi: le camicie venivano confezionate in sottilissima tela di Fiandra, erano ornate di pizzi d'argento e di bottoni d'oro smaltato. Le calze lunghe erano di seta e tenute da nastri colorati adorni di gioielli.

CELI 3

1 Ascolta il testo e completa le informazioni con poche parole (massimo tre).

1. I fazzoletti di seta bianca erano impreziositi da ....
....

2. La piccola scatola d'oro o d'argento conteneva il tabacco ....
....

3. I profumi si usavano anche per compensare la scarsa ....
....

4. La donna elegante amava dipingersi il volto ....
....

5. A seconda della posizione, i nei avevano un ....
....

6. L'acconciatura dei capelli era complicata e richiedeva ....
....

7. I capelli erano arricciati, raccolti in ....
....

8. La dama veneziana si adornava con gioielli ....
....

---

1. **lastricate** : rivestite di pietra, pavimentate.

Comprensione

CELI 3

1 Rispondi alle seguenti domande.
(da un minimo di 10 ad un massimo di 25 parole)

1. Chi era Lusieta?

   ....

2. Quali erano le intenzioni di Simone?

   ....

3. Cosa fa Simone prima di partire e perché?

   ....

4. Perché Lusieta si rifugiò nella sua cameretta?

   ....

5. Cosa fanno le ragazze di Burano, per ricordare la triste vicenda?

   ....

2 Completa il testo con le parole mancanti.

Un giorno arrivarono a Venezia alcuni .... da Roma. Il
Papa aveva bandito una nuova crociata contro i musulmani per
.... i Luoghi Santi e i messi pontifici invitavano i giovani
ad arruolarsi tra i ....

Si raccontava che molti ragazzi avevano fatto fortuna ed erano tornati
a casa ....

Simone decise di partire: sperava che al suo ritorno avrebbe potuto
comprarsi il bragozzo e .... Lusieta.

Ma prima di partire voleva comprare un anellino da lasciare come
.... d'amore alla sua ragazza. Andò quindi a pesca con
l'intenzione di vendere il pesce al .... : con il denaro
ricavato, avrebbe potuto comprare un anellino d'argento.
..........................., quel giorno non riuscì a pescare nemmeno un pesce;
nella sua rete era rimasta impigliata solo un'........................... . Il
giovane la gettò sulla prua della barca e tornò ....
all'isola.

Grammatica

Il passato (I)

Per indicare un'azione avvenuta nel passato, in italiano si usano principalmente tre tempi:

a. **passato prossimo** per indicare un'azione recente:
    *Ieri **ho incontrato** un amico.*

b. **passato remoto** per indicare un'azione lontana nel tempo:
    *"Cesare **conquistò** la Gallia."*

c. **imperfetto** per indicare un'azione ripetuta o abituale nel passato:
    *"Dopo cena mio padre **faceva** sempre una breve passeggiata."*

1 Completa la tabella, seguendo l'esempio.

	Pass. prossimo	Imperfetto	Pass. remoto
1. fu	è stato	era	✗
2. dormiva	ha dormito	✗	dormì
3. hai guadagnato	✗	guadagnava	guadagnò
4. dovettero			
5. andai			
6. ho ricamato			
7. decise			
8. raccontammo			
9. ha visto			
10. arrivarono			
11. correva			
12. avete guardato			
13. riuscì			
14. tornavo			
15. sono rientrati			
16. tiravate			
17. gettasti			
18. deponevi			
19. hai aspettato			
20. aggiungevamo			
21. interveniste			

2 Completa le frasi coniugando i verbi tra parentesi.

1. Lusieta (*guadagnarsi*) .... da vivere ricamando.
2. Simone e Lusieta (*conoscersi*) .... fin da bambini.
3. Nei giorni d'estate, Simone e Lusieta (*andare*) .... in città.
4. Lusieta (*curiosare*) .... volentieri nelle botteghe di Rialto.
5. Un giorno, Simone (*partire*) .... per far fortuna.
6. Per molti mesi Lusieta (*aspettare*) .... il ritorno di Simone.
7. Le amiche di Lusieta (*guardare*) .... con preoccupazione l'amica che continuava a ricamare.
8. Lusieta (*ricamare*) .... per alcuni giorni.
9. Le amiche di Lusieta la (*trovare*) .... morta nella sua stanza.
10. Mentre Caterina (*raccontare*) .... la storia, Lucia (*piangere*) ....

Produzione orale

1 Rispondi alle seguenti domande.

1. Caterina è iscritta alla facoltà di Storia dell'Arte. A quale facoltà universitaria ti piacerebbe iscriverti? Per quali motivi?
2. Descrivi l'aspetto fisico che ti piacerebbe attribuire ad Andrea e Lucia.
3. Immagina che Simone ritorni dalla crociata: come si sarebbe svolta la vicenda?
4. Quali potevano essere i pensieri delle amiche di Lusieta?

CAPITOLO **3**

L'isola del vetro

'indomani [1] Caterina non si fece attendere. Raggiunsero l'isola di Murano con il vaporetto.

"Dai, comincia a raccontare — la sollecitò Andrea — le tue spiegazioni sono più avvincenti di una favola."

La ragazza sorrise e cominciò: "Murano fu anch'essa rifugio per i profughi [2] della terraferma. L'isola era popolosa e ricca; le belle facciate dei palazzi e delle chiese sono ancora oggi testimonianza dell'antico splendore."

Caterina cominciò a spiegare ai suoi amici quanto fosse stata importante l'arte del vetro per la Serenissima.

"I maestri vetrai erano tenuti in grande considerazione e i loro

1. **l'indomani** : il giorno seguente, il giorno dopo.
2. **profughi** : esuli, fuggiaschi.

nomi erano scritti in un libro speciale, tra i benemeriti [1] della Repubblica, perché grazie all'abilità di questi artigiani straordinari entrava nelle casse dello Stato una grande quantità di denaro: i vetri soffiati a Murano erano richiesti ovunque ed erano pagati a prezzi altissimi. Un particolare non da poco ci mostra di quali speciali privilegi godessero i maestri vetrai: le loro figlie potevano sposare giovani patrizi, [2] concessione [3] davvero importante, se consideriamo che a quei tempi le divisioni in classi sociali erano molto più rigide di oggi. Dovete sapere che nei secoli XI e XII, quando l'arte del vetro fu importata dalle fabbriche saracene della Siria, le fornaci in cui si lavorava sorgevano in città. Spesso, però, accadeva che scoppiassero incendi disastrosi, poiché allora le case erano costruite principalmente in legno. Fu così che il governo stabilì che le fornaci per la lavorazione del vetro fossero trasferite tutte sull'isola di Murano.

In tal modo si pose fine al pericolo di incendi e, nello stesso tempo, si controllarono più facilmente tutti coloro che lavoravano i preziosi manufatti. [4]

Pensate che la Serenissima applicava la pena di morte a chi avesse rivelato i segreti di fabbricazione dei bellissimi vetri!

Nei nostri musei ci sono alcuni esemplari che risalgono alla metà del XV secolo: si tratta di coppe, vasi, tazze color verde

---

1. **benemeriti** : persone che hanno acquistato merito in un determinato campo con opere buone o di pubblica utilità.
2. **patrizi** : titolo nobiliare generico (mentre altrove si distingueva tra conti, baroni, duchi, ecc.). Nonostante questo, il titolo di "patrizio", presso gli stati stranieri, era tenuto in maggior considerazione rispetto a tutti gli altri.
3. **concessione** : permesso, favore.
4. **manufatti** : oggetti lavorati a mano.

smeraldo, rosso rubino, azzurro intenso, sui quali sono state dipinte a smalto [1] scene di vario genere. Gli splendidi vetri di Murano sono rappresentati anche in alcuni quadri di grandi pittori come Paolo Veronese o Tiziano. Nel 1600 e 1700, gli artigiani produssero i vetri pesanti, tipici delle produzioni della Baviera, ma ben presto Venezia preferì tornare alla sua tipica tecnica del vetro leggerissimo, prodotto solo in quest'isola. Oggi i maestri vetrai sono rimasti in pochi. Ciascuno di loro, proprio come in passato, ha alle sue dipendenze circa quindici persone tra lavoranti e garzoni. [2] Quest'arte è tanto raffinata quanto faticosa, perché bisogna lavorare davanti alle fornaci: quando la pasta di vetro è incandescente, [3] il maestro la gonfia soffiando aria con una canna; quindi le dà forma con una spatola e una pinza. Ogni pezzo prodotto è unico e irripetibile, [4] perché anche quando un maestro produce una piccola serie di oggetti, è impossibile che riescano tutti uguali."

Appena finito di parlare, Caterina propose di visitare una fornace.

Entrarono. Nell'atrio [5] vi erano vetrine illuminate che presentavano oggetti splendidi e... costosissimi!

La mamma ammirò particolarmente una coppa larga sostenuta da un delfino e Caterina spiegò che la Serenissima prediligeva tre animali simbolici: il delfino, che rappresentava il

---

1. **smalto** : materiale usato per colorare oggetti.
2. **garzone** : persona, spesso un ragazzo, che si occupa dei lavori meno importanti.
3. **incandescente** : portata a temperatura altissima con il fuoco.
4. **irripetibile** : impossibile da ripetere.
5. **atrio** : ingresso.

suo dominio [1] sui mari; l'elefante, che simboleggiava la saggezza del suo governo e il celebre leone alato [2] che tiene il vangelo sotto una zampa, segno di dominazione potente ma giusta.

"Venezia era chiamata anche 'la Dominante' [3] — aggiunse la ragazza con orgoglio. Ricordate che il suo governo fu amato da tutte le popolazioni che dominò, tant'è vero che ovunque è sempre stato custodito con cura e restaurato il suo emblema, [4] il leone appunto."

La visita alla fornace si concluse nel laboratorio, dove i visitatori ammirarono l'abilità di un maestro che, sotto i loro occhi stupefatti, mescolò alla pasta di vetro alcune sottilissime foglie d'oro, creando uno splendido vaso.

"È lo stesso oro che brilla nei mosaici della Basilica di San Marco. — spiegò Caterina — Ma... anche di questo parleremo in seguito. È ora di tornare."

"Cosa faremo domani?" chiese Lucia.

"Vi condurrò a vedere il Ponte di Rialto!" — rispose Caterina.

"Bene! Allora arrivederci a domani!"

1. **dominio** : comando, supremazia.
2. **leone alato** : il leone con le ali è il simbolo dell'Evangelista Marco. Venezia lo ha scelto come segno distintivo, anche perché S. Marco è il patrono della città.
3. **Dominante** : dal verbo "dominare", che significa comandare, vincere, essere superiore.
4. **emblema** : simbolo.

Comprensione

CELI 3

1 **Rispondi alle seguenti domande.**
(da un minimo di 10 a un massimo di 25 parole)

1. Perché i maestri vetrai erano tenuti in grande considerazione a Venezia?

   ....

   ....

2. Che cosa erano in passato le classi sociali?

   ....

3. Per quale motivo il governo veneziano stabilì di trasferire le fornaci nell'isola di Murano?

   ....

4. Come si lavora il vetro?

   ....

5. Quali sono I simboli di Venezia e cosa rappresentano?

   ....

2 **Ascolta il testo e completa le informazioni con poche parole (massimo tre).**

1. Le spiegazioni di Caterina sono più avvincenti ....

   ....

2. L'isola di Murano era ....

   ....

3. I maestri vetrai erano tenuti ....

   ....

4. I vetri soffiati a Murano erano ....

   ....

5. Le figlie dei vetrai potevano sposare ....

   ....

Grammatica

Il passato (II)

Per indicare un'azione precedente ad un'altra, avvenuta nel passato, in italiano si usano due tempi:

a. **trapassato prossimo** per indicare un'azione nella sua durata.

Si usa in correlazione con l'imperfetto, il passato prossimo e il passato remoto.

*La Repubblica **aveva spostato** le fornaci perché **scoppiavano** troppi incendi.*

Formazione: imperfetto di *essere/avere* + participio passato del verbo utilizzato: *Avevo mangiato, ero andato*

b. **trapassato remoto** per un'azione conclusa.

Si usa in correlazione con il passato remoto.

*Dopo che **furono arrivati** a Murano, Caterina **cominciò** a raccontare la storia dell'isola.*

Formazione: passato remoto di *essere/avere* + participio passato del verbo utilizzato: *Ebbi mangiato, fui andato*

1 Completa le frasi coniugando il verbo tra parentesi.

1. Andrea *(dire)* .... a Caterina che le sue spiegazioni *(essere)* .... avvincenti.

2. Dopo che *(sorridere)* ...., Caterina *(cominciare)* .... a raccontare.

3. I vetrai *(ottenere)* .... speciali privilegi perché *(essere)* .... grandi artigiani.

4. La Serenissima *(applicare)* .... la pena di morte a chi *(rivelare)* .... i segreti di fabbricazione del vetro.

5. Dopo un periodo in cui gli artigiani *(fabbricare)* .... i vetri pesanti, Venezia *(preferire)* .... tornare alla produzione del vetro leggero.

CAPITOLO **4**

Il Ponte di Rialto

I giorno seguente, una pioggia sottile lucidava il selciato [1] di pietra grigia, tipico di Venezia.

Quando Caterina arrivò all'albergo, gli altri presero ombrelli e impermeabili e uscirono tutti insieme ridendo allegramente.

"Venezia sotto la pioggia ha un fascino particolare. — disse Caterina — Molti la preferiscono alla Venezia illuminata dal sole. C'è meno gente in giro e la città è più godibile. Muovetevi, pigroni, [2] allungate il passo! [3] Eccoci al Ponte di Rialto!"

Davanti a loro c'era il celebre monumento, visitato ogni anno da milioni di turisti.

---

1. **selciato** : pavimentazione stradale.
2. **pigroni** : (fam.) che non hanno voglia di lavorare, di faticare.
3. **allungate il passo** : camminate più velocemente.

Caterina cominciò la sua spiegazione: "Nei tempi più antichi, il Ponte di Rialto era l'unico collegamento fisso tra le due rive del Canal Grande che, come sapete, è la via di comunicazione più importante della città. Era il centro economico di Venezia, perché qui approdavano le navi cariche di merci preziose che provenivano dall'Oriente e che poi venivano vendute su tutti i mercati europei: sete, profumi, gioielli, spezie. Pensate che il pepe era talmente costoso che per un certo periodo fu utilizzato al posto della moneta. Solo i ricchi se lo potevano permettere e lo usavano sulla carne e sul pesce: allora non esistevano i frigoriferi e gli alimenti deperivano [1] rapidamente, soprattutto nei mesi caldi. Il pepe faceva sentire di meno il cattivo odore e sapore dei cibi.

Prima che venisse costruito il Ponte di Rialto, verso la metà del secolo XIII, il collegamento tra le due rive era garantito da un ponte di barche che si attraversava pagando come pedaggio [2] una monetina: il 'quartarolo'.

Il primo Ponte di Rialto era in legno e fu ricostruito più volte, perché era soggetto spesso a danni; aveva una parte centrale mobile, che veniva alzata per consentire il passaggio delle navi più grosse. All'inizio del 1500 il governo deliberò che venisse costruito in pietra. Gli architetti più famosi dell'epoca, tra i quali Michelangelo, Palladio, Vignola, Sansovino — presentarono i loro progetti. Fu scelto quello di Antonio da Ponte.

Nonostante le molte discussioni, ostilità e critiche, il ponte fu costruito tra il 1588 e il 1591. Non piacque a molti e ancora oggi alcuni critici giudicano il ponte troppo massiccio [3] e poco

---

1. **deperivano** : andavano a male, marcivano.
2. **pedaggio** : somma di denaro da pagare.
3. **massiccio** : pesante, compatto.

elegante, soprattutto se paragonato con altri edifici della città costruiti nello stesso periodo. Un'ampia corsia centrale divide due file di botteghe,[1] tra le più antiche della città.

Particolarmente famose erano quelle degli orafi e degli argentieri che lavoravano i metalli preziosi con eccezionale abilità.

Nei pressi del ponte furono costruiti grandi magazzini,[2] dove i mercanti stranieri depositavano le loro mercanzie.

Il nome di Rialto deriva da Rivoaltus, cioè la zona dove i fuggiaschi della terraferma trovarono il terreno più elevato."

Lentamente salirono sul ponte e giunti sulla sommità sostarono ad ammirare il Canal Grande.

Lucia si fermò davanti alla vetrina di un orefice e, rivolgendosi a suo padre, indicò un anellino d'argento:

"Papà, me lo compreresti? Costa poco!"

"Certo, Lucia — rispose il papà — te lo compero. Se vuoi te ne compero uno d'oro."

"No, grazie...Vorrei quello d'argento, perché sono certa che sarebbe piaciuto a Lusieta..." — ribatté, sorridendo, Lucia.

Lucia infilò all'anulare[3] il piccolo anello, che le diede una strana emozione.

La pioggia era cessata e il sole cominciava a fare capolino[4] tra le nubi.

---

1. **botteghe** : negozi, laboratori di artigiani.
2. **magazzini ... mercanzie** : questi magazzini venivano chiamati "fondachi" (particolarmente famosi quelli dei Tedeschi e dei Turchi). La Serenissima garantiva la protezione delle merci depositate.
3. **anulare** : quarto dito della mano (gli altri sono: pollice, indice, medio e mignolo).
4. **fare capolino** : (fam.) spuntare, mostrarsi, venir fuori, farsi vedere.

"Ora scenderemo e, percorrendo le Mercerie, — disse Caterina continuando la sua spiegazione — arriveremo in Piazza San Marco, meta di tutti i visitatori.

Come suggerisce il loro nome, le Mercerie sono una serie di negozi che espongono merci bellissime. Qui le signore veneziane vengono a fare i loro acquisti più prestigiosi o per lo meno... a sognare di farli!"

Di tanto in tanto il gruppo si fermava davanti alle vetrine più belle ad ammirare, commentare, formulare desideri. Ma Lucia non sembrava interessata a guardare i negozi. Diceva che non vedeva l'ora di raggiungere Piazza San Marco.

"Manca molto?" chiese più volte a Caterina.

"Ma che fretta hai? Hai un appuntamento? Tra poco ci siamo, abbi pazienza ancora qualche minuto!" — rispose Caterina, ridendo.

"Già, è strano... — affermò Lucia — Non ho nessun appuntamento, eppure ho la sensazione che qualcuno mi stia aspettando..."

"Che dici? — le rispose Caterina un po' stupita e preoccupata — Credo che tu sia stanca... comunque eccoci arrivati in Piazza San Marco."

Lucia precedette gli altri di corsa e arrivò per prima nella grande piazza.

"Fermati! Aspetta! — chiamò la mamma.

"Da quando abbiamo visitato Burano, mia sorella è diventata proprio strana" — borbottò Andrea.

Lucia si fermò ad attendere gli altri. Era delusa. Non c'era nessuno ad aspettarla.

Il Ponte di Rialto

"Sono una sciocca — pensò — chi dovrebbe aspettarmi? Qui non conosco nessuno, tranne Caterina."

Si portò una mano al viso per proteggere gli occhi dalla troppa luce e l'anellino d'argento brillò al sole.

I palazzi

I palazzi veneziani erano famosi per le loro splendide facciate, alle quali corrispondeva uguale bellezza degli ambienti interni. Camere e sale erano adorne di ogni splendore artistico: pitture, sculture, mobili laccati e finemente decorati, lampadari in vetro di Murano, tappezzerie tessute in seta tramata a fili d'oro.

Queste ricche abitazioni avevano due ingressi: uno principale, che si affacciava sull'acqua e al quale si accedeva in gondola; l'altro, secondario, che si apriva su una stradina stretta, detta "calle".

La Ca' d'Oro sul Canal Grande.

Al piano terreno si trova un grande atrio che nei tempi più lontani era usato come deposito merci.

La sala più importante, quella destinata ai ricevimenti, era situata al primo piano. Da essa, attraverso varie porte, si accedeva alle stanze, sempre di dimensioni molto ampie. Il lusso di questi ambienti suscitava in tutti gli ospiti ammirazione e stupore. Le pareti e i soffitti erano affrescati dai pittori più famosi; qualche soffitto era rivestito in lamine d'argento dorato; alcuni pavimenti erano di alabastro. [1]

I ponti di Venezia

I ponti di Venezia sono il simbolo di una città unica al mondo e fanno ormai parte della sua leggenda.

Costruiti in vari materiali (ferro, pietra, legno) sono in tutto 411 e uniscono tra loro 118 isole della laguna. Ognuno di essi ha una propria storia, che traspare anche dai nomi (ponte delle ostreghe, delle maravegie, malvasia, baretteri, dell'angelo, delle beccarie, dei squartai); a questa varietà di nomi corrisponde, però, una notevole unità di stile: quasi tutti sono costruiti ad arco unico.

A differenza di oggi, tutti i ponti di Venezia non avevano scalini per facilitare il passaggio dei cavalli. Anche i parapetti [2] sono stati adottati abbastanza recentemente, ma a San Felice, nel centro storico, e sull'isola di Torcello se ne possono vedere ancora due senza.

Ecco, di seguito, un'antologia di alcuni, forse meno noti, ponti veneziani che ci permetterà un breve viaggio nel passato di questa straordinaria città.

---

1. **alabastro** : tipo di pietra multicolore, variegata.
2. **parapetti** : ripari sul bordo di ponti, terrazzi e balconi.

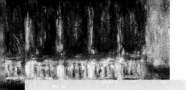

Ponte della Paglia

Uno dei ponti più antichi di Venezia, realizzato in pietra già nella seconda metà del XIV secolo, è così chiamato perché qui giungevano le barche cariche di paglia per i cavalli e gli altri animali domestici. Una leggenda racconta che sotto di esso, durante una notte di

Ponte dei Sospiri (primo piano) e Ponte della Paglia.

tempesta, un pescatore incontrò San Marco che gli consegnò un anello da dare al doge. Quando gli fu consegnato, questi si accorse che apparteneva al tesoro di San Marco, dal quale era scomparso.

Ponte Malpaga

È dedicato a Santa Barnaba. Malpaga era il soprannome di un patrizio del '400, che abitava nelle vicinanze e aveva l'abitudine di pagare pochissimo i propri dipendenti.

Il soprannome si trasferì così sia al ponte che al rio vicino.

Ponte delle Ostreghe

Su questo ponte, che si trova a Santa Maria del Giglio, si vendevano le ostriche. [1]

Ponti Malvasia

Sono quattro i ponti che hanno questo nome, il quale proviene da una città greca dominata dai veneziani. Questo termine indicava un luogo dove, oltre al vino, si potevano trovare molti altri piaceri.

I ponti votivi

Una volta all'anno, in occasione della festa della Salute (21 novembre), viene eretto sul Canal Grande un ponte votivo in legno montato su barche.

La terza domenica di luglio, invece, per la festa del Redentore, si costruisce un altro ponte sul Canale della Giudecca. Le due costruzioni permettono ai fedeli di raggiungere con facilità la chiesa della Salute e il Tempio del Redentore.

---

1. **ostriche** : frutti di mare.

Comprensione

1 **Rispondi alle seguenti domande.**
(da un minimo di 10 ad un massimo di 25 parole)

1. Perché molti preferiscono Venezia sotto la pioggia?
    ....

2. Perché il Ponte di Rialto era il centro economico di Venezia?
    ....

3. A cosa serviva un tempo il pepe?
    ....

4. Perché il Ponte di Rialto incontrò dure critiche?
    ....

5. Da che cosa deriva il nome "Rialto"?
    ....

6. Perché Lucia desidera acquistare un anellino d'argento?
    ....

2 **Ascolta il testo e indica con una X la lettera corrispondente all'affermazione corretta.**

1. Il Ponte dei Sospiri collega
    a. ☐ le prigioni a Palazzo Ducale
    b. ☐ il tribunale a Palazzo Ducale
    c. ☐ le prigioni all'isola di S. Giorgio
    d. ☐ Palazzo Ducale all'isola di S. Giorgio

2. Il Ponte dei Sospiri è
    a. ☐ in legno, chiuso e coperto
    b. ☐ in pietra e aperto
    c. ☐ in pietra, chiuso e coperto
    d. ☐ in legno e aperto

3. Il ponte dei Sospiri fu costruito per volontà di
    a. ☐ Marino Grimaldi
    b. ☐ Mariano Grimani
    c. ☐ Mario Grimati
    d. ☐ Marino Marino

4. Il ponte fu costruito nel

  a. ☐ 1502

  b. ☐ 1602

  c. ☐ 1512

  d. ☐ 1612

Competenze linguistiche

1 Indica l'esatta definizione di ciascun termine.

1. Selciato

  a. ☐ vetrata

  b. ☐ pavimentazione

  c. ☐ pianta

  d. ☐ antico documento

2. Approdare

  a. ☐ arrivare

  b. ☐ partire

  c. ☐ attraversare

  d. ☐ girare

3. Deperire

  a. ☐ puzzare

  b. ☐ cuocere

  c. ☐ andare a male

  d. ☐ pulire

4. Deliberare

  a. ☐ legare

  b. ☐ disegnare

  c. ☐ decidere

  d. ☐ mettere in libertà

5. Depositare

  a. ☐ comprare

  b. ☐ vendere

  c. ☐ levare

  d. ☐ mettere

2 Collega le frasi utilizzando le congiunzioni, le preposizioni, i pronomi e gli avverbi necessari.

Es. — *Caterina arrivò all'albergo*
— *in seguito gli altri escono*
— *mentre escono ridono allegramente*

Dopo che Caterina arrivò all'albergo, gli altri uscirono ridendo allegramente.

1. — Il Ponte di Rialto era il centro economico di Venezia
— al ponte approdavano le navi
— le navi venivano dall'Oriente
— nelle navi c'erano merci preziose

2. — C'è stato un periodo
— in quel periodo solo i nobili potevano comprare il pepe
— il pepe era tanto costoso
— il pepe era usato al posto della moneta

3. — Fino al 1500 il Ponte di Rialto era in legno
— il ponte è stato ricostruito con una struttura in pietra
— a molti la struttura non piace
— molti trovano la struttura troppo massiccia

4. — Lucia chiede una cosa
— la cosa è un anellino d'argento
— il papà è in dubbio su una cosa
— la cosa è se sia meglio un anellino d'oro

5. — Lucia precedette gli altri
— in seguito gli altri arrivano
— Andrea trova strana la sorella
— Lucia pensa di essere sciocca

3 Completa il testo utilizzando le seguenti parole:

> turisti famoso tempi rive pietra volte decise
>
> legno fretta costruito danneggiava passo

Caterina disse di allungare il (**1**) .... per raggiungere in (**2**) .... il Ponte di Rialto, il (**3**) .... monumento visitato ogni anno da milioni di (**4**) ....

Nei (**5**) .... antichi, era l'unico collegamento fisso tra le due (**6**) .... del Canal Grande.

Il primo Ponte di Rialto fu (**7**) .... verso la metà del XIII sec. in (**8**) .... , ma fu ricostruito più (**9**) .... , perché si (**10**) .... spesso.

All'inizio del 1500, il governo (**11**) .... che venisse costruito in (**12**) ....

Produzione scritta

1 In questo capitolo Caterina spiega in maniera precisa la storia del Ponte di Rialto.
Immagina ora di dover descrivere un monumento del tuo paese.
(90-100 parole)

....

....

....

....

....

....

....

....

....

CAPITOLO **5**

Piazza San Marco

Mentre uno stormo[1] di colombi si alzava in volo, i nostri amici guardarono ammirati la piazza considerata come la più bella del mondo. Ecco la favolosa Basilica, le Procuratie, la Biblioteca, il Palazzo Ducale.

"È un sogno!" — sussurrò la mamma.

"Sì, è davvero meravigliosa. — disse Caterina — Non mi sarà facile illustrarvela in modo completo, perché per farlo ci vorrebbero molti giorni e voi, purtroppo, partite domani. Cercherò di fare del mio meglio[2] per darvi almeno le notizie più importanti.

Cominciamo dal campanile: in origine era una torre di avvistamento[3] e un faro. Dopo la costruzione della prima

---

1. **stormo** : gruppo di uccelli.
2. **fare del mio meglio** : fare il possibile.
3. **torre di avvistamento** : alta costruzione che consente di vedere da lontano.

basilica, sulle sue fondamenta fu innalzato il campanile, che è alto cento metri dalla base fino all'angelo in rame dorato, raffigurante l'Arcangelo Gabriele, che poggia sulla cuspide. Terminato nei primi anni del 1500, rimase saldo fino al 1902, quando crollò, per fortuna senza fare vittime né causare danni alla basilica.

I Veneziani lo vollero ricostruire subito esattamente dove e come era prima del crollo; l'opera fu terminata nel 1912.

Si può salire in ascensore fino alla cella delle campane, dalla quale si ammira un panorama straordinario sulla città e sulla laguna.

Le due file di portici che delimitano i lati più lunghi della piazza si chiamano Procuratie, perché in origine ospitavano le abitazioni dei Procuratori di San Marco. La Procura era un'alta magistratura simbolica data a patrizi particolarmente meritevoli.

Sentite questi rintocchi?[1] Alzate gli occhi: siamo di fronte alla Torre dell'Orologio, sulla cui cima le ore vengono battute contro una grande campana da due vigorose statue maschili, chiamate 'Mori' perché sono di bronzo e con l'andar del tempo hanno assunto un colore molto scuro.

E ora fermiamoci a guardare la Basilica, il monumento più famoso e importante della città. Lo splendore dei mosaici a fondo d'oro e la raffinatezza delle decorazioni esprimono la potenza e la ricchezza della Serenissima. Qui il Doge,[2] la massima carica rappresentativa, veniva acclamato e qui veniva celebrato il suo

---

1. **rintocchi** : suoni ripetuti di campana.
2. **Doge** : in realtà il Doge era praticamente privo di poteri, perché Venezia era amministrata dal Maggior Consiglio, di cui facevano parte membri delle più antiche famiglie aristocratiche della città (i patrizi).

funerale; qui gli uomini d'arme ricevevano le insegne [1] del comando; qui si ricevevano Principi e Re; qui sono sepolti i resti di San Marco, il patrono della città.

La prima costruzione fu consacrata nell'anno 1094.

L'edificio fu modificato e abbellito più volte, finché raggiunse l'aspetto attuale nel secolo XVI. La Basilica fonde [2] in un esempio unico e straordinario elementi romanici, gotici e bizantini. Avviciniamoci!"

Mentre stavano per entrare, videro giungere un corteo nuziale. La sposa scese da una gondola addobbata di fiori bianchi. Due gondolieri in livrea [3] bianca accompagnarono gli sposi fino alla chiesa. Poi, uno di loro si voltò a salutare: ma certo! Era il fratello di Caterina! L'altro gondoliere era un bel giovane bruno con gli occhi verdi come l'acqua della laguna.

Caterina fece le presentazioni: "Mio fratello Giacomo lo conoscete già. Questo, invece, è nostro cugino Simone; anche lui fa il gondoliere."

Quando il giovane le sorrise stringendole la mano, Lucia impallidì.

"Come ti chiami?" le chiese lui.

"Lucia... — rispose lei — anzi no... Lusieta."

Dal portale [4] spalancato della Basilica usciva la musica dell'organo che suonava la marcia nuziale. Entrarono.

I mosaici d'oro riflettevano la luce delle candele e il profumo dei fiori era talmente forte da stordire. Finita la cerimonia, tutti uscirono.

1. **insegne** : oggetti (spesso bandiere) che simboleggiavano un potere.
2. **fonde** : unisce.
3. **livrea** : divisa.
4. **portale** : grande porta esterna di un edificio.

"Noi dobbiamo finire il nostro giro — spiegò Caterina salutando il fratello e Simone — Ci vediamo questa sera a casa."

Simone chiamò in disparte Lucia: "Senti, Lusieta, che ne diresti se ti portassi a fare un bel giro in gondola?"

"Sarebbe meraviglioso, Simone!" — rispose Lucia.

"Siamo d'accordo, allora. Ora devo andare, ma verrò a prenderti al tuo albergo prima del tramonto."

Le strinse leggermente la mano tra le sue e corse via. La ragazza raggiunse gli altri. Caterina stava spiegando con molta precisione l'architettura del Palazzo Ducale, ma Lucia non la ascoltava più. Sorrideva felice facendo girare attorno al dito il suo piccolo, lucente anello d'argento.

"Ti vedo distratta, Lucia. Non ti interessa quello che dice Caterina?" — disse il papà.

Lucia gli buttò le braccia al collo, dicendogli:

"Papà, possiamo rimanere ancora qualche giorno?"

"Ma lo sai che domani dobbiamo partire... — ribatté lui — io devo ritornare in ufficio!"

"Ti prego papà, solo un giorno o due!"

Caterina aveva sentito il loro discorso: "Se vuoi, Lucia, e se i tuoi genitori te lo consentono, puoi rimanere da noi per un po' di tempo!"

Alla fine Lucia, dopo lunghe insistenze,[1] ottenne il permesso di restare.

Lei sapeva, ne era certa, che non sarebbe più ripartita; sapeva che un giorno Simone l'avrebbe portata a Burano e, tenendosi per mano, sarebbero entrati insieme nel cortile della piccola casa dipinta di viola.

---

1. **insistenze** : richieste ripetute.

Gli svaghi

La popolazione di Venezia, soprattutto la classe nobiliare, amava molto i divertimenti.

Uno degli spettacoli preferiti era il ballo: danzatrici professioniste si esibivano, ricevendo applausi tanto più calorosi quanto indossavano vesti ridotte.

Anche le commedie, recitate in teatri per lo più privati, erano molto apprezzate. Ogni anno, prima che iniziasse la stagione teatrale, i proprietari dovevano far visitare le sale da un architetto che controllava la solidità dell'edificio. Durante gli spettacoli, giravano tra gli spettatori i venditori di acqua e anice, biscotti, arance, castagne secche; all'esterno dei teatri c'erano banchi di venditori di pere e mele cotte. Il pubblico, anche durante lo spettacolo, non smetteva mai di chiacchierare, mangiare e bere.

Tuttavia, lo svago preferito era il gioco d'azzardo, che la Serenissima dovette permettere dopo aver cercato per un lungo periodo di impedirlo. Negli edifici riservati al gioco si vendevano cioccolata, caffè, vino, formaggio, salame e frutta. Anche le donne patrizie frequentavano questi ambienti dove ci si incontrava, oltre che per giocare d'azzardo, per conversare e per ascoltare buona musica.

Ogni classe sociale aveva un suo ritrovo: c'erano quelli riservati ai nobili, ai mercanti, agli avvocati, ai popolani.

Altro importante momento di svago per i veneziani era il Carnevale, che aveva inizio il 26 dicembre. La gente di tutti i ceti sociali amava travestirsi ed era disposta a spendere cifre molto elevate per acquistare gli abiti. Centro delle feste era, naturalmente, Piazza S. Marco. Il Giovedì grasso, alla presenza del Doge, dei più alti magistrati, degli ambasciatori stranieri, si dava inizio alla festa più

grande. Tra la folla sfilavano le maschere più note: Pantalone, Brighella, Arlecchino, il dottor Balanzone, Colombina, eccetera; si cantava e ballava, mentre i burattinai facevano divertire i bambini. L'ultimo giorno di Carnevale le campane di San Marco e di San Francesco della Vigna annunciavano la fine delle feste.

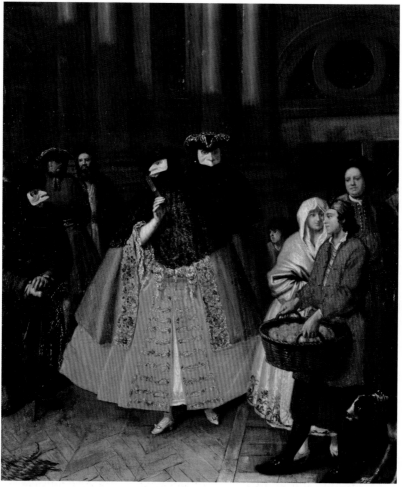

Conversazione tra maschere (metà del XVIII secolo), Pietro Longhi.

Venezia e il cinema

L'atmosfera magica e fantastica che si respira a Venezia ha fatto sì che la laguna sia diventata una specie di set "pronto per l'uso".
Già alla fine del secolo scorso Albert Promio, un collaboratore dei fratelli Lumière, girò alcuni metri di pellicola da una gondola in movimento sul Canal Grande.
È con Luchino Visconti, però, che il cinema d'autore fa la sua comparsa a Venezia con due film: *Senso* e *Morte a Venezia*.

Scena del film Morte a Venezia (1971) diretto da Luchino Visconti.

Celebre è il commovente film *Anonimo veneziano* di Enrico Maria Salerno, mentre Woody Allen ha girato a Venezia parte di *Tutti dicono I love you*.
Anche i film d'azione hanno trovato uno spazio in questa città, che ha fornito l'ambientazione agli 007 interpretati da Sean Connery e Roger Moore, e a una parte di *Indiana Jones e l'ultima crociata* di Steven Spielberg.

PROGETTO INTERNET

Cerca su qualsiasi motore di ricerca la sezione dedicata al cinema del sito della Biennale di Venezia e rispondi alle seguenti domande.

▶ Quando ha luogo la prima Esposizione Internazionale d'Arte Cinematografica?

....

▶ Qual è il premio più importante che viene assegnato dalla giuria?

....

▶ Quali sono gli altri premi che vengono conferiti ai lungometraggi?

....

▶ A chi è stato conferito quest'anno il Leone d'oro alla carriera?

....

▶ Quali sono le sezioni della mostra?

....

Comprensione

1 Rileggi il capitolo e segna con una ✗ se l'affermazione è vera (V) o falsa (F).

		V	F
1.	In origine, il campanile della Basilica era una torre di avvistamento.	☐	☐
2.	L'angelo in cima al campanile è in argento dorato.	☐	☐
3.	Il campanile fu ricostruito nel 1902.	☐	☐
4.	La Procura era una carica data ai patrizi meritevoli.	☐	☐
5.	I Mori prendono il loro nome dal colore scuro del bronzo.	☐	☐
6.	La Basilica fu consacrata nel XII secolo.	☐	☐
7.	Giacomo è il cugino di Caterina.	☐	☐
8.	Simone propone a Caterina di andare a cena assieme.	☐	☐
9.	Lucia ascolta attentamente le spiegazioni di Caterina su Palazzo Ducale.	☐	☐
10.	Il papà di Lucia decide di prolungare la vacanza di qualche giorno.	☐	☐

2 Metti in ordine cronologico i seguenti momenti dell'intera vicenda.

1. ☐ Caterina presenta Simone a Lucia.
2. ☐ I quattro turisti visitano il Ponte di Rialto.
3. ☐ I quattro turisti visitano l'isola di Murano.
4. ☐ Lucia acquista un anellino d'argento.
5. ☐ Giacomo trasporta in gondola i quattro turisti fino all'albergo.
6. ☐ Si celebra un matrimonio nella Basilica di San Marco.
7. ☐ Caterina racconta la leggenda dell'origine del merletto di Burano.
8. ☐ I quattro turisti arrivano alla stazione di Venezia.

Competenze linguistiche

1 Abbina i seguenti modi di dire al loro significato.

1. ☐ Mangiare la foglia.
2. ☐ Tagliare la corda.
3. ☐ Raddrizzare le gambe ai cani.
4. ☐ Cercare il pelo nell'uovo.
5. ☐ Chiedere all'oste se il suo vino è buono.
6. ☐ Prendere il toro per le corna.
7. ☐ Tirare l'acqua al proprio mulino.
8. ☐ Rendere pane per focaccia.
9. ☐ Lavare la testa all'asino.
10. ☐ Prendere fischi per fiaschi.

a. Agire per la propria utilità.
b. Tentare un'impresa impossibile.
c. Prendersi una vendetta.
d. Formulare domande inutili.
e. Essere troppo pignolo.
f. Fuggire rapidamente.
g. Affrontare una difficoltà con coraggio e decisione.
h. Compiere un'azione inutile.
i. Comprendere quello che gli altri vorrebbero tenerti nascosto.
l. Commettere errori grossolani.